CONSERVATEURS

OU RÉPUBLICAINS?

SIMPLE LETTRE

AUX POPULATIONS DES CAMPAGNES

PAR

M. ÉDOUARD WILLMANN

CONSERVATEURS OU RÉPUBLICAINS?

SIMPLE LETTRE

AUX POPULATIONS DES CAMPAGNES

Dans quelques jours, les élections pour le Conseil général vont avoir lieu.

Le moment est venu de dire aux populations des campagnes ce que la France conservatrice attend de leur patriotisme, de leur bon sens, du souci qu'elles doivent avoir pour leurs intérêts.

C'est donc particulièrement à vous, qui vivez loin des grands centres, que ces lignes s'adressent; car en ces temps de suffrage universel, c'est le nombre qui est maître des destinées de la nation, et le nombre, c'est vous! Vous, dont les intérêts sont considérés comme une lettre-morte par les républicains, en faveur de qui, les hommes actuellement au pouvoir n'ont jamais rien fait, dont la liberté est chaque jour immolée à de vaines et fausses théories, et qui cependant représentez le travail et la fortune de la France !

Ne croyez pas qu'en faisant cette déclaration j'obéisse au mot d'ordre d'un parti politique quelconque ; non ! j'écoute simplement les conseils de l'expérience et je me rends au bon sens.

Voyons, qu'est-ce que la République a fait pour vous ?

Je ne vais pas chercher midi à quatorze heures ; je prends au hasard, entre cent autres, une question pour laquelle chacun de nous s'est plus ou moins échauffé, l'instruction obligatoire.

Vous savez ce que prétend le gouvernement républicain : sous prétexte que tout le monde doit s'instruire, il veut que les enfants aillent à ses écoles.

Evidemment, l'instruction est une bonne chose ; mais, d'un autre côté, avant de dépendre du gouvernement, les enfants dépendent de leurs parents ; on n'a donc pas le droit de leur imposer un système d'éducation qui ne convient pas à ceux-ci.

A la campagne, vous le savez mieux que personne, un

enfant est un aide précieux dans le ménage, ou dans la ferme.

On l'envoie à l'école pendant la plus grande partie de l'année ; mais en même temps, surtout dans les moments de presse, on le charge de tous les soins dont la maison a besoin pendant que le père et la mère sont au travail. C'est lui qui garde les animaux, qui va à l'herbe, qui porte à manger à ceux qui sont aux champs, et même qui surveille ses petits frères et ses petites sœurs.

Eh bien ! s'il faut à toute force l'envoyer à l'école, pendant quatre ou cinq ans, à des heures régulières et exactes, comme le gouvernement le veut, qui est-ce qui fera tout ce qu'il faisait, lui ?

La famille sera donc obligée de prendre un domestique ; mais pour payer ce domestique, est-ce le gouvernement qui donnera l'argent nécessaire ?

Certainement non. Voilà donc un préjudice incontestable pour le paysan.

Mais ce préjudice est encore plus grand qu'il ne paraît à première vue ; car ce domestique que vous prendrez, c'est autant de plus que vous dépenserez ; et, par conséquent, c'est autant de plus que vous serez obligés de reporter sur vos blés, sur vos pommes de terre, sur tous les produits de vos champs.

Donc, vos denrées vous reviendront plus cher, et pour essayer de vous rattraper, vous n'aurez pas d'autre moyen que d'en élever le prix. Seulement, ici, il y a un léger inconvénient, c'est que les produits s'écoulant en raison de leur bon marché, les vôtres ne trouveront plus d'acheteurs en proportion de vos dépenses.

Qu'est-ce que vous dites de cette liberté-là ?

Maintenant, autre chose. Le gouvernement ne croit ni au bon Dieu, ni au diable. C'est son affaire ; mais a-t-il le droit de forcer les gens à penser comme lui ? A-t-il surtout le droit de vouloir que de jeunes enfants soient élevés sans religion, sans principe d'aucune sorte ?

Je réponds hardiment : Non !

Ah ! je le sais bien, vous n'êtes pas de ceux qu'on appelle des cléricaux. Je ne le suis pas plus que vous, croyez-le bien ; et, avec vous, je pense que le curé n'a pas à s'occuper d'autre chose que de son église. Oui ; mais, en même temps, est-ce que ce brave homme de curé, qui dit la messe dans la commune, qui console les malades, qui donne le dernier passeport à ceux qui meurent, est-ce que ce brave homme de curé, si vous voulez qu'il montre le catéchisme à vos enfants, quelqu'un a le droit de le lui défendre ?

Est-ce que vous admettez un seul instant que vos enfants soient élevés comme des animaux; et croyez-vous qu'il vaut mieux aller au cabaret qu'à l'église?

Eh bien! la République ne veut pas que vous fassiez ce que vous voulez à cet égard.

Il ne manque pas de beaux messieurs à langue dorée pour vous assurer et, au besoin, vous prouver le contraire; mais ces beaux messieurs-là, suivez leur conduite, et vous serez bien vite fixés sur leurs intentions et leurs prétentions.

S'ils s'adressent à vous, c'est qu'ils ont besoin de votre voix pour arriver à être quelque chose; pour cela, ils vous font de belles promesses; les serments ne leur coûtent rien! Mais après, allez les voir!

Les poignées de mains qu'ils vous ont données, ils ne s'en souviennent plus une fois qu'ils ont obtenu ce qu'ils voulaient; et ils vous traitent en bêtes de somme lorsqu'ils n'ont plus besoin de vous!

Ce que je dis là, vous savez bien que c'est vrai, n'est-ce pas?

Si vous l'avez oublié, rappelez vos souvenirs, et vous verrez alors ce qu'ont fait pour vous tous ces beaux parleurs républicains d'après lesquels vous deviez avoir autant de beurre

que de pain — au moins, — hélas! et qui vous ont donné si peu, même de pain sec !

Par exemple, il y a une liberté qu'ils ne vous refusent pas, c'est celle de payer les impôts. Ah! pour celle-là, ils se montrent d'une *générosité* hors ligne, et tant plus vous payez, tant plus ils voudraient voir la couleur de votre argent.

C'est qu'en effet, ils ont tant de camarades à placer ! Tant de pauvres diables, qui ne sont bons à rien, qui ne seraient pas capables de distinguer un épi de maïs d'un épi de blé, qui ne pourraient même pas, tenez ! lire dans le bréviaire de M. le Curé, et que, cependant, il faut caser de façon qu'ils ne crient pas et qu'ils ne dérangent pas les gros rats qui rongent le budget de la France, — ce budget si lourd et dont les fonds sont fournis par vous !

Ce que je vous dis là est la stricte vérité, si même ce n'est pas encore au-dessous de la vérité.

Tenez, il y a quelque chose qui vaut mieux que toutes les belles paroles; ce sont des chiffres.

Eh bien ! voici les chiffres, tels qu'ils se trouvent dans le *Bulletin de statistique* qui vient d'être publié par le ministre des finances.

En 1869, les recettes s'élevaient à 1 milliard 847 millions 117 mille francs au total; aujourd'hui, elles s'élèvent à 2 milliards 777 millions 193 mille francs, ce qui fait — après déduction de 84,575,486 francs qui représentent les recettes des territoires cédés à l'Allemagne — une augmentation de 1 milliard 14 millions 602 mille 287 francs.

Dans cette plus-value, l'amélioration des anciens impôts figure pour 340 millions et demi et le produit des nouveaux pour 674 millions 200,000 francs, ce qui donne pour les premiers une progression de 31 millions par année, de 1869 à 1880.

Lorsqu'après la paix, l'Assemblée nationale dut faire face aux nouvelles exigences de notre situation, le gouvernement fit voter 700 millions de droits nouveaux, sur lesquels 200 millions devaient contribuer à amortir la dette contractée envers la Banque. Or, depuis deux ans, la Banque est remboursée, le compte de liquidation est à la veille d'être clos, et les intérêts des divers emprunts de guerre ou d'indemnité n'exigent que 346 millions de francs.

Que sont donc devenus les 674 millions produits par les impôts nouveaux votés en 1871?

Une partie, cela est vrai, en a été consacrée à améliorer quelques-uns de nos services publics; mais le reste, qui se chiffre par CENTAINES DE MILLIONS, a été gaspillé, employé à satisfaire des appétits inavouables ou des intérêts électoraux. C'est ainsi que, sans avantages sérieux et appréciables

pour la majorité des citoyens, un budget déjà largement doté
en 1869, s'est élevé en dix ans à 2 milliards 777 millions de
dépenses ordinaires, et à 3 milliards et demi en y comprenant
les dépenses occasionnées par le rachat et la construction de
lignes de chemins de fer destinées à creuser le gouffre du
déficit, et à entraîner la France, dans un avenir prochain, à
d'effroyables catastrophes. DES CENTAINES DE MILLIONS ont
été employées à donner de bonnes places aux amis, à récompen-
ser le zèle des fidèles, à pourvoir richement un tas d'aventuriers
qui, avant le 4 septembre, vivaient au hasard, étaient maigres
comme des clous et portaient des pantalons rapiécés et des
souliers éculés ; et qui, aujourd'hui, ne mangent que les mets
les plus délicats, sont gras à lard, roulent carrosse et possèdent
des hôtels et des châteaux !

Ainsi, depuis 1870, le budget s'est augmenté de **un milliard quatorze millions six cent mille francs.**

On parle, il est vrai, pour amoindrir l'importance de ce
chiffre, des diminutions d'impôts qui ont été effectuées. Eh
bien! voulez-vous savoir ce que sont ces diminutions? — Elles
se chiffrent, y compris les propositions inscrites, il y a quelques jours, au projet de loi budgétaire de 1881, par 210 millions environ; ce qui fait que chaque année on a opéré 20 millions de dégrèvement, contre 100 millions, et plus, dont on
augmentait en même temps le budget.

Absolument comme quelqu'un qui donnerait 20 francs à un

individu, mais qui lui en reprendrait 100! C'est un bon sys
tème... pour celui qui empoche.

Et ne croyez pas que ce soient là des chiffres pris en l'air ;
non! Ils sont *officiels*, c'est-à-dire que je mets n'importe qui au
défi de les démentir.

Mais je ne vous ai parlé jusqu'ici que de ce que la République a fait. Je dois vous dire un mot, maintenant, de ce qu'elle
fera si — ce qu'à Dieu ne plaise! — le malheur veut que nous
ayons à la subir encore longtemps.

La date du 14 juillet, que le gouvernement a prise pour
celle de sa fête, est d'ailleurs caractéristique.

Ce jour-là, en 1789, sous prétexte de sauver de la Bastille
sept prisonniers, dont 2 étaient des voleurs, 2, des faussaires,
2, des assassins, et le dernier enfermé à la demande de ses
parents, ce jour-là, une populace ignoble a massacré 82 inva-
lides, 32 Suisses, le gouverneur de la prison, un vieillard
infirme, des créatures innocentes et.inoffensives!

On a dit que le peuple avait pris la Bastille; ce n'est pas
vrai! La garnison s'était rendue et elle a été massacrée lâche-
ment, comme, en 1870, les communards ont volé, tué et incen-
dié ; comme tout nous porte à craindre que feront bientôt encore
les bêtes féroces que la République à déchaînées sur la France!

Pour calmer les justes appréhensions des hommes d'ordre

et de paix, on a dit que l'amnistie était l'apaisement : cela n'est pas vrai non plus !

L'apaisement ! Voyez quelle réception les radicaux ont faite à Rochefort ! Lisez les articles des journaux républicains ! vous comprendrez les horribles malheurs qui menacent le pays.

Le *Citoyen*, par exemple, dit en toutes lettres que « la fête du 14 juillet n'a pas été la fête de l'union et du désarmement des partis, attendu que si cette date, vénérée entre toutes, rappelle la prise de la Bastille, elle rappelle aussi qu'il reste encore beaucoup de Bastilles à démolir. »

Le *Prolétaire*, un autre journal radical, écrit ceci :

« La Bastille de 89 est tombée ; la Bastille des iniquités est debout.

« La Bastille, c'est la magistrature inamovible, choisie dans le sein de la bourgeoisie et poursuivant de ses haines réactionnaires les hommes du peuple chaque fois qu'elle peut les atteindre.

« La Bastille, c'est le Code, arsenal bien pourvu pour briser tout effort du peuple, détruire sa souveraineté et le livrer sans défense aux tentatives criminelles des tyrans.

« La Bastille, c'est l'armée isolée du reste de la nation, en guerre ouverte contre elle. »

Une autre feuille ajoute que « la fête du 14 juillet a tout au plus été un armistice durant lequel les partis se sont recueillis POUR MIEUX REPRENDRE POSITION ENSUITE. »

« *Pour mieux reprendre position ensuite.* » Comprénez-vous bien tout ce que cela signifie ?

M. Rochefort, dans son journal l'*Intransigeant*, dit que « la terre où nous marchons n'est, en droit, pas plus aux propriétaires que l'air que nous respirons tous. »

Saisissez-vous la portée de cette déclaration ?

Et quand on lit des choses semblables, n'a-t-on pas le droit de redouter l'avenir; et de se dire que, comme aux époques odieuses de la Terreur, comme en 1870, les existences, les fortunes, tout va dépendre bientôt d'une bande de sectaires qui pensent que la propriété est le vol et qui font tout ce qu'ils peuvent pour se mettre à la place des citoyens paisibles, des bons travailleurs qui gagnent leur pain à la sueur de leur front ?

Eh bien! ce danger, il y a un moyen — un seul! — pour nous tous de l'éviter : c'est de ne nommer que des hommes connus pour leurs sentiments conservateurs.

Commençons d'abord par le Conseil général, nous verrons ensuite, l'année prochaine, à nous occuper de nos autres représentants.

Avec les conservateurs, vous savez ce qui vous attend, et la plupart d'entre eux, vous les connaissez pour les avoir vus à l'œuvre. C'est ainsi, par exemple, qu'à la fin de la session d'avril dernier, ils ont voté un dégrèvement départemental de deux centimes, tandis que les républicains, MM. Papon et autres, faisaient, entre autres choses, augmenter les droits sur la volaille et sur les lapins !

Avec les conservateurs, vous êtes assurés de voir l'armée respectée, la magistrature honorée, l'agriculture et le commerce favorisés, la liberté fondée sur de sages assises; avec les conservateurs, vous êtes certains d'avoir l'ordre, la sécurité, la stabilité et la prospérité des affaires !

Avec les républicains, au contraire, vous n'aurez pas la liberté de disposer de vos enfants et de les faire élever à votre gré; vous n'aurez pas le droit d'ensemencer comme il vous plaît les quelques lopins de terre que vous avez durement gagnés; comme père, comme propriétaire, comme travailleur, vous ne conserverez plus qu'un droit, celui de verser chaque année davantage au Trésor.

Avec les républicains, voici ce qui vous attend :

L'armée désorganisée, mécontentée, froissée, insultée ;

Les magistrats honnêtes remplacés par des juges ramassés n'importe où, par des individus ayant subi une ou plusieurs condamnations;

La religion persécutée, foulée aux pieds ;

Les affaires périclitant; l'agriculture sans soutien et sans protection; la cherté des vivres de toutes sortes ;

L'augmentation des impôts ;

Et, comme couronnement, là-bas, dans l'avenir plus ou moins rapproché, le règne des Rochefort, des Félix Pyat, des Trinquet! — les scènes renouvelées de la prise de la Bastille, les massacres et les horreurs de la Commune !

C'est à vous de choisir.

Vous êtes le nombre; vous êtes la force, par conséquent; et les destinées de la patrie sont entre vos mains !

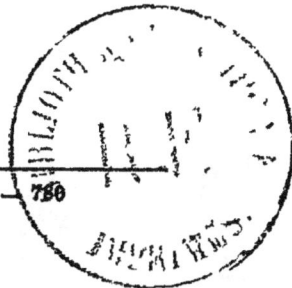

Évreux, Ch. Hérissey, imp. — 750

www.ingramcontent.com/pod-product-compliance
Lightning Source LLC
Chambersburg PA
CBHW060723280326
41933CB00013B/2541